Fábio Dinis de Figueiredo

# Hacia una nueva docencia, Innovación educativa en la enseñanza superior: Facebook como herramienta docente

GRIN Verlag

**Bibliografische Information der Deutschen Nationalbibliothek:**

Die Deutsche Bibliothek verzeichnet diese Publikation in der Deutschen National-
bibliografie; detaillierte bibliografische Daten sind im Internet über http://dnb.d-
nb.de/ abrufbar.

**Imprint:**

Copyright © 2014 GRIN Verlag GmbH
Druck und Bindung: Books on Demand GmbH, Norderstedt Germany
ISBN: 978-3-656-82237-0

**This book at GRIN:**

http://www.grin.com/es/e-book/282438/hacia-una-nueva-docencia-innovacion-
educativa-en-la-ensenanza-superior

**GRIN - Your knowledge has value**

Der GRIN Verlag publiziert seit 1998 wissenschaftliche Arbeiten von Studenten, Hochschullehrern und anderen Akademikern als eBook und gedrucktes Buch. Die Verlagswebsite www.grin.com ist die ideale Plattform zur Veröffentlichung von Hausarbeiten, Abschlussarbeiten, wissenschaftlichen Aufsätzen, Dissertationen und Fachbüchern.

**Visit us on the internet:**

http://www.grin.com/

http://www.facebook.com/grincom

http://www.twitter.com/grin_com

# MÁSTER EN FORMACIÓN DOCENTE DEL

# PROFESOR DE UNIVERSIDAD

*Hacia una nueva docencia,*

*Innovación educativa en la enseñanza superior:*

*Facebook como herramienta docente*

**Autor: Fábio Dinis de Figueiredo**

**Mayo, 2014**

**Resumen:**

La necesidad de incorporar nuevas herramientas educativas en la docencia universitaria, pasa por el hecho de disminuir la distancia entre la metodología docente y las generaciones que se etiquetan como nativos digitales. Es incuestionable la importancia que han adquirido las redes sociales y la *web* 2.0. La idea de utilizar alguna de estas redes sociales como herramienta docente, es fruto de la necesitad intrínseca a la universidad, de incorporar un nuevo reemplazo en el mundo de la tecnología educativa. De esta forma, la obligatoriedad de flexibilizar y desarrollar estrategias de integración y tecnologías de la información es eminente. La necesidad del cambio tecnológico, conlleva a una nueva restructuración y reorganización de conceptos en la universidad, dando inicio a una nueva etapa en la concepción de alumnos-usuarios, canalizándonos a un conocimiento flexible y hacia a cánones de enseñanza-aprendizaje altamente optimizados.

**Palabras clave:** *Universidad, futuro, redes sociales, herramientas de enseñanza, facebook*

**Abstract:**

The need to incorporate new educational tools in university teaching, by decreasing the distance between the teaching methodology and the generations is labelled as 'digital natives'. The importance of social networking and web 2.0 will unquestionably play a vital role in this. The idea of using any of these social media as teaching tools is the result of the intrinsic necessity in university to incorporate a new replacement in the world of educational technology. The requirement for technological change entails a new restructuring and reorganization of concepts in university, starting a new stage in the design of student-users, directing us towards flexible knowledge and a highly optimized teaching-learning method.

**Key words:** *College, future, social networking, teaching tools, facebook*

# 1. INTRODUCION

*"Enseñar no es transferir conocimiento, pero si crear las posibilidades para su propia producción y su construcción."*

(Paulo Freire)

La universidad como su propio nombre indica, implica universalidad de conocimientos e ideas. Las ideas en sí, se acompañan por la multidisciplinaridad del conocimiento, tornándose clara su total transversalidad.

Para el desarrollo y transmisión de los conocimientos científicos, la Universidad dispone de tres grandes pilares de auto sustentabilidad. Por un lado la enseñanza, que facilita el conocimiento técnico y científico. Por otro, innovación y investigación, imprescindibles para la vanguardia del conocimiento actualizado, y por último, y no menos importante, la dádiva e integración de ese mismo conocimiento a la sociedad.

Con el nuevo sistema apoyado por el *e-learning*, debuta una nueva concepción de formación universitaria, en la que el alumno es el punto de inflexión para la optimización del conocimiento, fomentando así su carácter investigador. Este cambio de actitud nos obliga indiscutiblemente a una reorganización tanto de planes de estudio como de las metodologías docentes. La universidad asume así, un papel investigador y colaborativo tomando un papel proactivo en el que el intercambio de experiencias y la amplitud de la información, obliga a refinar los modelos de búsqueda de la misma. Este compromiso de intercambio fomenta el *learning to learn*.

En esta área, es incuestionable el beneficio académico que han ofrecido las nuevas tecnologías de la información y comunicación (TIC) en un medio totalmente embebido y casi inmerso en la informática. Por ello, creemos que la utilización de las redes sociales puede ser una aportación importante para el nuevo concepto de enseñanza aprendizaje.

## 1.1 OBJETIVO

Los objetivos de este trabajo son: analizar la opinión tanto de los docentes como del alumnado referente a la utilización de "Facebook como herramienta docente en la de enseñanza universitaria:", y su aplicación práctica en una asignatura.

Con este fin, tras un breve preámbulo que sitúa el problema se ha subdividido el presente trabajo en dos apartados esenciales. En la introducción se hablará de la historia de la universidad y de la ruptura de paradigmas, tan necesaria e imprescindible para el avance científico, donde también se aborda, la necesidad de formación del profesorado como motor de arranque para una nueva era conceptual de universidad.

En la segunda parte se pasa a realizar un estudio de campo de opinión, mediante la realización de una encuesta a miembros del ámbito universitario, con posterior análisis y discusión de los datos recogidos. Con el fin último de vincular la teoría con la práctica y, aprovechando el análisis crítico reflexivo del trabajo, el mismo se concluye con un proyecto que denominamos: *Proyecto Innova – Biohetic Best Pratice*, que nos lleva a la aplicación del facebook como herramienta educativa en la asignatura de Bioética, impartida en el primer cuatrimestre del segundo año del grado de enfermería 2013-2014.

## 1.2 METODOLOGIA

La metodología aplicada en el presente trabajo es cuantitativa, realizando un estudio exploratorio con encuestas cerradas. La difusión de la encuesta se hizo online a través de Google Doc entre las fechas de 26.11.13 y 03.01.14.

## 2. UNIVERSIDAD DEL FUTURO

*"La mente que se abre a una nueva idea, jamás volverá a su tamaño original."*

(Albert Einstein)

Vivimos en un mundo altamente intercomunicado, fruto de la actual globalización económica, cimentada en internacionalización de la producción y consumo que ha marcado el siglo XX.

Los conflictos de valores culturales e ideológicos producidos por la globalización, nos llevan a pensar en cambios metodológicos y estratégicos necesarios para que de esta forma la evolución y crecimiento técnico científico no inhiba los valores previamente conquistados.

En tal escenario de partida, existe la necesidad de construir un tipo diferente y renovado de institución académica, capaz de actuar como instrumento de integración social y política entre países y culturas, en contraposición a los efectos nocivos de la globalización.

Actualmente, existe una tendencia que nos guía para un nuevo y evolucionado paradigma académico, el de la de *universidad corporativa y colaborativa.*

Según Almeida (2005), el modelo de universidad científico-tecnológica es homogéneo en el mundo industrializado, pero las universidades eclesiásticas y de arte-cultura, aun son dominantes en algunos países en desarrollo. En realidad, las universidades se han convertido en instituciones sociales de altísimo grado de complejidad, en un tipo sofisticado y diversificado de organización social que exhibe las raíces y marcas de cada uno de los modelos anteriormente referidos.

4

Por su naturaleza organizativa, las universidades acompañan la globalización y las grandes corrientes de pensamiento. Es un *forum* continuo de debate de ideas que provienen de cualquier parte del mundo, y que a su vez también, exporta para todo el mundo sus propias ideas.

Para García (2009), la desvinculación de la universidad con la sociedad industrial de los dos últimos siglos de la historia, todavía no existe. Sin embargo, es indudable el nuevo camino hacia una era nueva, caracterizada por el predominio de un conocimiento actualizado y prácticamente universal, que se denomina **"Sociedad del Conocimiento"**. Concepto empleado por primera vez por Peter Drucker en su libro titulado "La sociedad postcapitalista" en el que señalaba la necesidad de generar una teoría económica que colocara al conocimiento en el centro de la producción de la riqueza, produciendo con esto un cambio en la sociedad, donde el recurso básico sería el saber y donde la voluntad de aplicar conocimiento para generar más conocimiento, debía basarse en un elevado esfuerzo de sistematización y organización. (Bozu, 2009).

## 2.1. DOCENCIA DEL FUTURO

*"El trabajo que nunca se empieza, es el que más tarde se finaliza"*

(J.R.R. Tolkein)

El avance de la sociedad actual, ha provocado en los docentes en general y en los universitarios en particular, la necesidad de una actualización continua del conocimiento que ya posen, y la adquisición de nuevas ideas que le permiten progresar en su formación. Para algunos autores dicho conocimiento se ha de fundar, en el saber hacer, en conocer la enseñanza y todo lo que ello implica, conociendo en profundidad la materia que va a enseñar y las teorías más vanguardistas del momento. (Díaz, 2009)

5

De esta forma la universidad, tiene el deber de exigir a sus docentes que sean conocedores de teorías y estrategias pedagógicas y metodológicas, para que la enseñanza sea un proceso productivo y capaz de fomentar la autocrítica, redirigiendo así directrices para una acción de crecimiento profesional.

En este contexto, el profesor universitario debe ser el vector facilitador de la información, de ahí que necesite de habilidades formativas sólidas, bien como un conocimiento estratégico capaz de innovar e investigar al mismo tiempo. *"La innovación docente, como cualquier otro proceso de innovación, tiene unas características y se basa en unos planteamientos conocidos, y además es útil; es decir, mejora un producto o un servicio. Dicho de otra forma, la innovación consigue hacer lo mismo que antes, pero trabajando menos, o si trabajamos igual, hacemos más que antes."* (Fidalgo ,2011).

El perfil del profesorado universitario viene condicionado por un devenir histórico, marcado por el modelo educativo, institucional, legislativo y social del proceso docente. Según Bozu (2009) *"Su rol vendrá enmarcado en un modelo sistémico e interdisciplinar, donde la docencia, la investigación, su saber, saber hacer y querer hacer conformarán su acción educativa."*

Por otro lado, el nuevo Espacio Europeo de Educación Superior (EEES) es claramente el producto final de la necesidad competitiva en las universidades europeas, asumiendo el alumno un papel más activo y participativo en el proceso de su formación, reflejado así el nuevo sistema de créditos ECTS (European Credit Transfer and Accumulation System). Según Espinosa (2007), *"El alumno es el principal protagonista del nuevo escenario de educación, el cual ésta está basado en el aprendizaje, en oposición a la educación tradicional basada en la enseñanza del profesor. Por ello, el sistema de créditos está centrado en el alumno, y se fundamenta en la carga necesaria de trabajo que debe realizar para conseguir los objetivos marcados.*" Estos objetivos, señalados por Espinosa, se consideran fruto de los resultados del aprendizaje y competencias que el alumno debe adquirir, las cuales expresan las habilidades de realizar con éxito determinadas funciones inherentes a su profesión.

No obstante, el docente universitario, no dejará de ser líder de un grupo de trabajo formativo y los alumnos los recursos humanos de todo el proceso de aprendizaje.

*"Inicialmente, al comienzo del curso, el profesor es el máximo responsable del proceso, pero a medida que va avanzando, esa responsabilidad va recayendo en el alumno, de tal manera que al finalizar el curso, el profesor realiza únicamente la labor de asesor."* (Espinosa, 2007). Esto nos lleva a la obligatoriedad de rediseñar las asignaturas y mejorar competencias profesionales como docente, obligando a una formación docente continua, muchas veces impulsada por las propias universidades, logrando de esta forma una nueva forma de evaluación y metodología de enseñanza y aprendizaje.

A la hora de diseñar la metodología que se va a utilizar en determinada asignatura, es importante que la materia a impartir sea novedosa para el alumno para que se consiga focalizar su atención. El componente teórico práctico presenta también un peso importante, dado que una asignatura práctica requiere que el alumno, una vez que ha adquirido los conocimientos teóricos sobre el papel, dedique un tiempo añadido. (Espinosa, 2007)

Para que esta mentalidad docente y educacional fluya, es necesario que el docente y las propias universidades tomen conciencia y sean el punto de partida para la nueva enseñanza universitaria. Lejos están los tiempos en que el docente deleitaba al alumnado con su saber a través de la tiranía de la imagen con mítico *power point.* Con un mundo altamente informatizado y embebido en las nuevas tecnologías, la necesidad de un cambio es eminente. Abolir las clases magistrales es una premisa básica para los que se consideran verdaderos docentes universitarios y vividores de este nuevo proceso. El radicalismo del cambio se hace notar mas en las viejas cátedras en las que el docente, dotado de un saber total y absoluto, lleva flagelando el alumno durante décadas con las mismas transparencias.

## 3. REDES SOCIALES - FACEBOOK

*"Justamente cuando conseguí encontrar todas las respuestas, cambiaron todas las preguntas"*

(Luis Verissimo)

La aceleración del tiempo y la turbulencia de la comunicación nos llevó a redirigir conceptos y a organizar modelos de comunicación y de compartición estructurados, sin que el caos digital nos contamine a través de la "infotoxicidad" arbitraria (Borrás, 2013).

Cuando *facebook* emergió en febrero de 2004 a través de Mark Zuckerberg (Universidad de Harvard), la idea de conectar a la gente mediante uso de perfiles personalizados ya estaba consolidada. La red social fue definida en sus inicios por la exclusividad. Ningún usuario se podría registrar en la red sin que tuviera una dirección de correo electrónico de alguna otra universidad.

La afiliación se acotó a estudiantes, personal y ex alumnos. *Facebook*, en otras palabras, apuntaba a una comunidad preexistente, basada en conexiones fuertes en el mundo físico para crear conexiones fuertes y exclusivas en el mundo virtual, en la que la compartición de conocimientos de elite demarcaba su exclusividad.

En los países desarrollados, la educación es altamente prioritaria, pues es ella la que transforma la sociedad. La tecnología tiene el poder de transformar la educación. Es así que la sociedad se beneficia de un sistema educacional robusto y optimizado. La aplicación tecnología en las ramas educativas son el primer paso para el ajuste del proceso de enseñanza-aprendizaje, en consonancia con los elementos que la integran, sean alumnos o profesores.

## 4. RESULTADOS DEL ESTUDIO: ANALISIS Y DISCUSSION

A través de Google Doc se difundió la encuesta que se adjunta en el anexo I, tras solicitar su participación en la misma al alumnado y personal docente de varias universidades españolas y extranjeras. El período de realización de la misma se extendió del 26 de de noviembre de 2013 al 3 de enero de 2014.

La población que ha abarcado la encuesta han sido docentes, alumnos y/o docentes/alumnos en activo, siendo este último, el único criterio de inclusión. En esta base, se han conseguido un total de 504 respuestas, de las cuales, el 30% corresponde al sexo masculino y los restantes, el 70%, al sexo femenino. Por otra parte, el 65% de los encuestados son estudiantes, el 26% serian docentes en activo y los restantes, el 9%, figuran como docentes/ estudiantes. El rango de edades varía entre los 17 y 65 años, siendo la media de edades de los encuestados de 41años.

| Estudiante | 326 | 65% |
| Docente | 133 | 26% |
| Docente / Estudiante | 45 | 9% |

*Grafico 1. – Distribución de la población que ha participado en la encuesta*

Se han conseguido respuestas de 42 universidades diferentes, situadas en 8 países distintos, respectivamente: España, EUA, Inglaterra, Italia, Perú, Venezuela, Colombia, Argentina.

## 4.1 ANALISIS DE USO DE FACEBOOK

A nivel mundial Facebook presenta más de 400 millones de usuarios. En España, *facebook* se mantiene como la segunda página *web* más visitada después de Google y la red social más utilizada. Según la Asociación para la Investigación de los Medios de Comunicación (AIMC), un 83,90% de los internautas usan redes sociales y de ellos el 89,90% están en *facebook*.

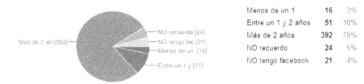

| | | |
|---|---|---|
| Menos de un 1 | 16 | 3% |
| Entre un 1 y 2 años | 51 | 10% |
| Más de 2 años | 392 | 78% |
| NO recuerdo | 24 | 5% |
| NO tengo facebook | 21 | 4% |

*Grafico 2. – Antiguedad en el uso de la red social.*

El análisis de resultados corrobora que el 96% de los encuestados son usuarios de facebook como red social, mientras que apenas 21 personas, es decir el 4% no tienen perfil asociado. Analizando los datos más al detalle, el 78% de los alumnos y/o docentes encuestados, presentan una antigüedad en la red superior a dos años, lo que realmente demuestra que el intercambio y el flujo de información ya es una tendencia habitual en los encuestados. Por otro lado, y como se puede ver en el grafico nº 3, el 67% afirma que lo utiliza por lo menos una o varias veces al día, lo que confirma el dinamismo existente en facebook y su hiperactividad, en los usuarios (alumnos y profesores) ya que tienen la posibilidad de gestionar su información de forma personalizada. En otro sentido, y

10

usando como fuente los datos recogidos, el 43% de los encuestados, se conecta a través del dispositivo móvil, lo que demuestra, realmente, la versatilidad de la plataforma.

| | | |
|---|---|---|
| Varias veces al día | 265 | 53% |
| Una vez al día | 73 | 14% |
| Algunas veces a la semana | 77 | 15% |
| Ocasionalmente | 89 | 18% |

*Grafico 3. – Frecuencia de acceso a Facebook.*

El cambio tecnológico consecuencia del nuevo formato *web* 2.0, no se puede considerar como un cambio aislado sino como un nuevo modelo de aprendizaje y de alfabetización digital. La *web* 2.0 se caracteriza por permitir a los usuarios interactuar y colaborar entre sí como creadores de contenido generado por miembros de una comunidad virtual, como puede ser facebook. Teniendo en cuenta las características y el concepto *web* 2.0, es decir, investigación, análisis y creación de información de forma sincronizada o no sincronizada, los datos abajo indicados en el grafico nº 4, reflejan de bien los diferentes tipos de actividad en la *web* 2.0. Sin embargo, es curioso que no siendo facebook una red con génesis docente, existe ya un 7% de los usuarios que buscan en la red conexiones con fines académicos.

| | | |
|---|---|---|
| Contactar con amigos / compañeros | 296 | 24% |
| Ver noticias, publicaciones, fotos ... | 347 | 28% |
| Ver novedades en un grupo | 116 | 9% |
| Publicar | 100 | 8% |
| Chatear | 58 | 5% |
| Entretenimiento | 140 | 11% |
| Uso académico | 88 | 7% |
| Revisar perfil de amigos | 78 | 6% |

*Grafico 4. – Principales usos de Facebook.*

11

## 4.1 RED SOCIAL FACEBOOK:

El objetivo del proyecto *"The Facebook"*, era ayudar a la red de estudiantes de Harvard a conectarse entre sí. Harvard tiene una reputación de elite. Siendo una comunidad estrechamente unida, el contacto que se hace con el resto de los estudiantes es casi tan importante como el aprendizaje formal.

En este punto, se pretende analizar y desglosar la interpretación que hacen los encuestados respectivamente a las diferentes áreas de funcionamiento de facebook, teniendo siempre un objetivo único, la viabilidad como de facebook como herramienta docente.

En concordancia con la encuesta y para una mejor interpretación de los siguientes datos/gráficos, se ha considerado la siguiente escala de puntuación con un rango de 1 a 5 puntos, en que, 1 corresponde a estar totalmente en desacuerdo con la afirmación; 5 totalmente de acuerdo con la afirmación y 3 cuando la opinión no está bien definida.

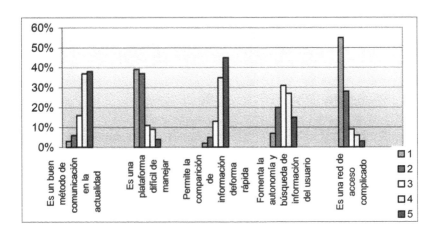

*Grafico 5. – Análisis de facebook como red social.*

Según el estudio realizado, el 37% de los encuestados están de acuerdo o totalmente de acuerdo 38%, de que facebook es un buen método de comunicación en la actualidad. Así, el 75% considera que tiene un buen poder comunicativo. Por otra parte, el 80% considera que la red social facebook permite la comparación de información de forma rápida. Esto se debe básicamente, a la fácil actualización de la información y contenidos, la flexibilidad de esa misma información independientemente del espacio y tiempo. El flujo de información y su forma fácil y intuitiva la tornan, práctica y sencilla, según el 83% de los inquiridos.

## 4.2 FACEBOOK Y PROFESORADO:

Haciendo referencia a Kirchman (2010), es notoria la revolución tecnológica que se insertó en la plataforma del conocimiento:

*"Las nuevas tecnologías de la información y la comunicación evolucionaron en los últimos años de manera exponencial. La capacidad de interconexión a través de la red y programas de fácil manejo son parte de ese crecimiento. En ese sentido, las redes sociales, con su capacidad innata de crear comunidad, se perfilan como una alternativa interesante para incluir en los procesos educativos."*

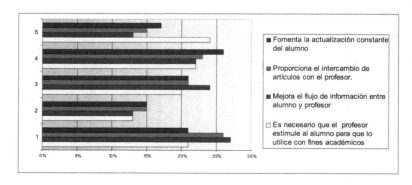

*Grafico 6. – Análisis de facebook y profesorado.*

13

De los 504 encuestados, el 26% y 17% considera estar de acuerdo o totalmente de acuerdo con el hecho de que facebook fomenta la actualización del alumnado. Cifras casi idénticas, el 22% y 24%, respectivamente, consideran necesario que el profesor estimule el alumno a utilizar la plataforma para fines académicos.

Por otra parte, ante la cuestión de la mejora del flujo entre profesor alumno, los valores están muy repartidos, tal y como se puede observar en el grafico. El 27% considera estar totalmente en desacuerdo con la afirmación, mientras por el otro extremo se rebaja a un 13%, el punto intermedio, es decir, los encuestados que han contestado a la afirmación con 3 puntos, es del 24%.

Es notoria la incertidumbre frente a la acción directa entre profesor y alumno en la red social. El miedo a la violación de los perfiles privados podría ser el factor desencadenante, por la falta de conocimientos de los ajustes de seguridad que la red social presenta.

## 4.3 FACEBOOK COMO HERRAMIENTA EDUCATIVA

Haro (2009) considera que las redes sociales son idéales para usarlas en el ámbito docente y les atribuye tres ventajas comunes, independientes de la asignatura que se trate, del profesor o del alumno:

1. Minimizan la necesidad de formación porque todos usan el mismo recurso;
2. Favorecen la comunicación con los alumnos de forma bidireccional, puesto que el profesor y el alumno se encuentran en un mismo espacio;
3. Su carácter generalista permite el uso universal de las mismas.

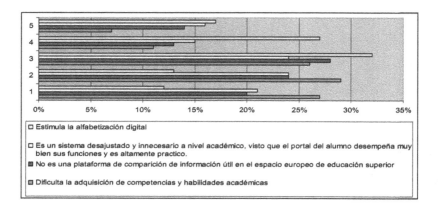

*Grafico 7. – Análisis de facebook como herramienta educativa.*

Según los datos obtenidos el 27% de los encuestados, afirma estar totalmente en desacuerdo, con el hecho de que, a nivel docente, facebook, dificulta la adquisición de competencias y habilidades académicas. En el polo opuesto el 7%, afirma estar totalmente de acuerdo con que facebook dificulta la adquisición de habilidades y competencias académicas.

Un total del 45% (desacuerdo y totalmente desacuerdo), corroboran que facebook como herramienta educativa no es un sistema desajustado y innecesario, pudiendo, incluso substituir, en determinadas ocasiones, al portal del alumno.

Así, estamos en condiciones de asumir que, no siempre el portal del alumno se ajusta a sus necesidades, lo que nos obliga a reflexionar sobre algunos de sus déficits de comunicación en la nueva *web* 2.0, y en la misma como herramienta académica. La utilidad de facebook como red de alfabetización digital es notoria.

Un total de 44% afirma estar de acuerdo y totalmente de acuerdo con esa enorme potencialidad.

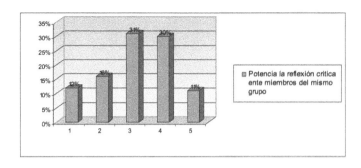

*Grafico 8. – Facebook como herramienta que potencia la reflexión crítica.*

Una de las finalidades del uso de facebook como metodología de enseñanza universitaria es su poder de fomentar la reflexión crítica entre pares de un grupo con finalidades y objetivos semejantes, dada su igual génesis de contenido e ideas, donde la reflexión y argumentación son los pasos del desarrollo. El grafico anterior refleja bien las diferentes opiniones existentes. Con un promedio del 31%, el 30% está de acuerdo con esa capacidad de potenciar la reflexión crítica entre grupos, mientras el 12% se encuentra totalmente en desacuerdo.

## 4.4 FACEBOOK Y METODOLOGIA:

En la sociedad de la información y del conocimiento, las tecnologías de la información y comunicación (TIC), en simbiosis con la *web* 2.0 han convertido el conocimiento basado en el átomo, en conocimiento basado en el *bit*. Las potencialidades que ofrecen los nuevos entornos 2.0, interacción y colaboración de forma bidireccional entre usuarios, regalan a la docencia universitaria, un aprendizaje contextualizado y contundente. (Túnez, 2013)

En un mundo académico altamente digitalizado es primordial que el alumno pueda tener un acompañamiento estricto y actualizado de la asignatura. Este es uno de los objetivos del uso de facebook a nivel académico, la posibilidad de mantener un acompañamiento sincronizado o asincronizado y, eso sí, siempre actualizado de la asignatura, A continuación el grafico ilustra las respuestas de los encuestados.

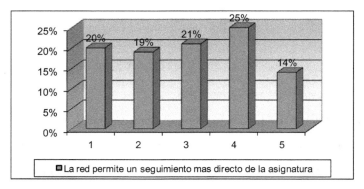

*Grafico 9. – Facebook como plataforma de seguimiento de la asignatura*

Con respecto a las clases magistrales en el EEES, es notorio el equilibrio de opiniones. Siendo la alfabetización digital y la *web* 2.0 un concepto reciente, no cabe duda de que, en un futuro, las clases magistrales dejaran, obligatoriamente, de ser un método de elección docente. Sin embargo en la actualidad las opiniones aun se encuentran muy divididas como se puede ver en el siguiente gráfico.

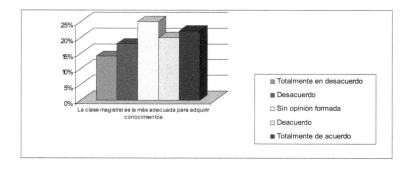

*Grafico10. – Clases magistrales como metodología docente de elección.*

Una de las potencialidades de facebook como herramienta pedagógica, es su capacidad de interrelación y disposición de las diferentes metodologías en un mundo 2.0, como se puede observar en el grafico nº 11, el 69% de los encuestados están de acuerdo o totalmente de acuerdo en que las películas / vídeos en la red aumentan la comprensión de los contenidos. El 34% y 27% respectivamente, afirman estar de acuerdo o totalmente de acuerdo en que esta capacidad, permite revisar fallos cometidos en las presentaciones de trabajos tras subirlos a la red, mientras un 8% discrepa totalmente.

En lo que concierne al debate de casos prácticos vía *chat* entre los diferentes elementos del grupo, apenas un 11% y 13% afirman estar en total desacuerdo o en desacuerdo, respectivamente, en lo que concede a la capacidad de complementar conocimientos por esta vía, mientras que el 34% y 17% demuestran estar de acuerdo o totalmente de acuerdo con la capacidad de que el debate vía *chat* entre elementos del mismo grupo de pares, aporta un conocimiento complementario.

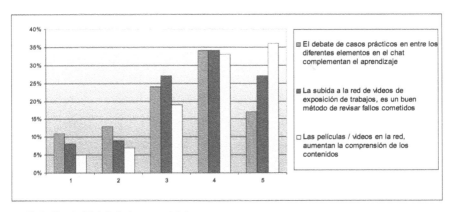

*Grafico 11. – Analisis de facebook como metodologia.*

## 5. BIOHETIC BEST PRATICE

*"No todo que es científicamente posible es éticamente aceptable."*

(Daniel Serrão)

La coyuntura intelectual y social de la actualidad, así como las filosofías que le están asociadas, clasifican nuestra época como la "Era de la Ética". Al rápido y espectacular progreso científico y técnico corresponde una cultura fría, de números y axiomas, desarrollándose un cuadro de valores propios donde gana preponderancia el poder, la afirmación social y el consumismo desenfrenado. La consecuencia inmediata es el deterioro humano, la ocultación de valores considerados como esenciales, como la dignidad humana y el espíritu de solidaridad. Surge un hombre poderoso y autosuficiente, pero vacío de todo y sobre todo de sí mismo.

La asignatura de Bioética dirigida a los alumnos de 2º del Grado en Enfermería, pretende dar a conocer el proceso histórico de la evolución de los Derechos Humanos – base de toda la actuación social – y de la Bioética, así como alertar para el carácter intervencionista de esta. Es su objetivo también, fomentar en los alumnos, futuros profesionales de salud, la capacidad de intervenir y decidir en conciencia, optando por actitudes de humanismo y respeto por la dignidad humana, traducidas en profesionalidad y desempeño según su conciencia y marco jurídico vigente.

El *Proyecto Innova – Biohetic Best Pratice* pone en práctica la posibilidad de, a través de la plataforma *facebook*, gestionar y administrar metodologías y contenidos de enseñanza capaces de fomentar la participación activa del alumno de forma directa. Los alumnos se encuentran altamente embebidos en esta red social, de ahí que nada mejor que aprovechar este estado de "embriaguez" digital para que parte del tiempo dedicado a la *web* se pueda canalizar hacia a una asignatura de contenidos programáticos específicos.

Consciente de las dificultades y seguro de que la asignatura es la idónea, dada la polivalencia de casos y el conflicto ético que puede causar (que no siempre se rige por valores), se consideró la aplicación de facebook en la misma.

El recurso a esta plataforma virtual se fundamenta como un complemento a la docencia tradicional, pero con actividades interactivas y aportación de documentación multimedia. Este nuevo proyecto llevado a cabo a través de una nueva y moderna metodología docente, con intención de poner en práctica los conocimientos adquiridos con el presente estudio.

Es incuestionable la oportunidad y el impacto que nos brindan las TIC`s. Corresponde a nosotros, profesores y universidades, "raptar" al alumno que muchas veces se encuentra náufrago en un mundo tan oceánico como es la *web* 2.0, y asesorarlo para un conocimiento que desarrolle su propiedad intelectual. Como puntualiza Rivero (2010):

*"La integración educativa de las tecnologías está esbozándose recientemente y no existe un caudal de experiencias sistematizadas, ni investigaciones en nuestros medios que nos iluminen en el cómo hacer. En este sentido, son los equipos docentes completos los que tiene el desafío de asumir esta tarea: las nuevas generaciones lo reclaman…"*

Usando como soporte de investigación el presente trabajo y convencidos de que esta metodología innovadora aporta beneficios docentes únicos, estamos en condiciones de afirmar que, concretamente en asignatura de bioética la aceptación por parte el alumnado ha sido bastante buena.

Sin un compromiso de fidelización obligatoria a la red social, de los 45 alumnos matriculados en la asignatura de Bioética, han sido partícipes de forma activa 42. El mural de la asignatura ha servido así como mecanismo te contacto entre todos. Se han expuesto casos prácticos y se han debatido en el *chat* entre todos los alumnos, se han hecho encuestas con múltiple respuesta con el fin de obtener información relevante sobre el dominio de la temática que se materializa en clase.

Dado que el 50% de la evaluación final de la asignatura corresponde a la exposición y debate de trabajos con temáticas bien definidas, se han creado los diferentes subgrupos de trabajo dentro de la red social, donde el docente de forma altamente personalizada dirigía la preparación de los trabajos. Al tratarse de un subgrupo cerrado, permitía que los alumnos únicamente recibiesen información sobre su trabajo y no del de los compañeros. Aprovechando este grupo también, y bajo el consentimiento debidamente firmado por el alumno, se ha decidido grabar la presentación y posteriormente subir la misma al respectivo subgrupo. Con esta metodología, lo que se pretende es reflexionar tanto por parte del docente, como del alumno sobre la presentación, y de este modo analizar los fallos cometidos y abrir debate sobre los mismos.

Tras una inicial reticencia por parte del alumno, estamos en condiciones de poder afirmar que la dinámica y el flujo de información es totalmente distinto a lo habitual de la asignatura, lo que de una forma paralela pero nunca substitutiva, fortalece las clases presenciales.

Desde el punto de vista del docente, se requiere un esfuerzo suplementario y continuo, dada la constante necesidad de producir información, pero ese flujo constante es justo lo que torna la asignatura más dinámica y atractiva.

# 6. CONCLUSIÓN

*"Algo solo es imposible hasta que alguien lo duda y decide probar lo contrario."*

(Albert Einstein)

El surgimiento de una nueva era, la tecnológica, donde tecnología y ciencia íntimamente vinculadas presentan un objetivo común, el bien social…no siempre alcanzado, es cierto! Conscientes de que el bien social depende en buena parte de la educación, nos propusimos a evaluar la opinión tanto docente como del alumnado referente a la utilización de "Facebook como herramienta docente en la de enseñanza universitaria:"

*Facebook,* no estando concebido en su origen como plataforma docente, puede ser un importante complemento de la docencia presencial o, incluso virtual, como nos revelan los datos obtenidos. A pesar de la reticencia de algunos docentes/alumnos, en ningún momento se puede considerar objeto de substitución, pero sí y únicamente, un componente complementario de potencialidades infinitas. Sin embargo, y contrariamente a lo que muchos pueden pensar, *facebook* no es un aula de estudio, pero esperamos que quede claro, que las clases magistrales tampoco son el futuro del nuevo modelo de EEES. Los múltiples beneficios educativos que puede aportar *facebook* como herramienta de enseñanza universitaria, no pueden ser escamoteados por una minoría de premisas desfavorables, pues cabe al docente gestionar este difícil equilibrio, con el fin de adquirir una eficiencia educativa.

# BIBLIOGRAFIA

- ALMEIDA, de Noamar – *Um Paradigma Renovado de Universidad*, publicado en la coleeción en homenaje a Edivaldo Boaventura, Universidad UFBA, Montreal, 2005
- BRAVO, Crescencio; REDONDO; Miguel; ORTEGA, Manuel; BRAVO, José – *Evolución de un Entorno Colaborativo de Enseñanza Basado en Escritorio Hacia la Computación Ubica*, UCLM, Ciudad Real, 2002
- BORRÁS, Oriol – *Aplicar el Facebook en la Comunidad Educativa*, Creative Communs, UPM, Madrid, 2013.
- BOZU, Zoia; HERRERA, Pedro José – El Profesorado Universitario en la Sociedad del Conocimiento, Revista de Formación E Innovación Educativa Universitaria, v2, n° 2, Pág. 87-97, 2009.
- CLEMENE, Ivo - *A Responsabilidad Social da Universidade: Uma Caracteristica e um Compromisso Ético*, IV Coloquio internacionsl sobre gestion universitaria, Universidad de Santa Catarina, Brasil, 2010
- CASALS, Ester; GARCIA, Iolanda; NOGUERA, Elena; PAYA, Monserrat; TEY, Amelia - *Innovación y Mejora de la Docencia Universitaria Mediante la Metodología de Aprendizaje Basado en Problemas*, Revista Iberoamericana de Educación, n° 36/12, Barcelona, 2005.
- CANAPESCU, Mariana – *Nuevas Tendencias en la Formación Permanente del Profesorado*, III Congreso Internacional, Universidad de Bucarest, Barcelona, 2011.
- COMESEÑA, Carla Iglesias; POZO, José Santiago - *Como Gestionar el Tiempo de los Alumnos*, Revista de Formación e Innovación Educativa Universitaria, v6, n° 1, Pág. 45-50, 2013.
- CUNHA, Maria Isabel; LUCARELLI, Elisa - Inovações na Sala de Aula Universitária e Saberes Docentes: Experiências de Investigação e Formação que Aproximam, Argentina e Brasil, Sociedad Argentina de Estudos Comparados en Educacion, Argentina/ Brasil, 2008.
- DA SILVA, Raquel – *Responsabilidad Social na Universidade*, Revista Gerenciais, v2, São Paulo, Brasil, 2003.
- DIAZ, Verónica Martín – *El Conocimiento y la Formación del Profesor Universitario*, Universidad de Córdoba, 2009.
- DIAZ, Verónica Martín; ROMERO, María Asunción – *La Formación Docente Universitaria a través de las TICS*, Pixel- Bit Revista de Medios y Educación, n° 35, Julio, 2009, Pág. 97-103.
- ESPINOSA, J. K.; JIMENEZ, J.; OLABE, M.; BASOGAIN, Y. – *Innovación Docente para el Desarrollo de Competencias en la EEES*, Universidad del País Vasco, 2007.
- FIDALGO, Ángel – *La Innovación Docente y los Estudiantes*, La Cuestión Universitaria, v 7, 2011, Pág. 84-91.
- FLORENTINO, Luciana; ANTONIO, Pedro – *Universidade Empreendedora: Fortalecendo os Caminhos para a Responsabilidade Social*, Universidad de Santa Catarina, Brasil, 1999.
- GATTI, Bernardete – *A Formacão dos Docentes: O confronto Necessario Professor x Academia*, Fundacão Carlos Chagas e PUC-SP, n° 81, Mayo, 1992.
- GARCIA, José Luis – *Futuro de la Universidad o Universidad del Futuro*, Revista Fuentes, v 9, Pág. 9-25, 2009.

- HARO, J.J., *Las Redes Sociales Aplicadas a la Práctica Docente*, Revista DIM - Didáctica y innovación Multimedia, nº 13(2009)
- KIRCHMAN, D - *Las Redes Sociales buscan un lugar en la Educación,* Revista Ciencia y Tecnología, 2010
- LICKLIDER, J. C. R. – *Man –Computer Symbiosis,* Transactions on Human Factors in Electronics, volume HFE-1, 1960.
- MACEDO, Sonia María – *Aprendisagem nas Redes Sociais Virtuais: O Potencial da Conectividade em dois Cenarios*, Revista Cet., v 1, nº 2, Abril, 2012.
- MARIANE FABIANNE, Ph. D. – *O Processo de Investigação, da Concepção à Realização,* Dácarie Éditueur, Lusociência, Lisboa, 1999.
- MARTINEZ, Eugenio Lujan – *La Aplicación de las TIC en la Docencia,* Docencia y Campus virtual, Facultad de Filología, UCM, Madrid, 2005.
- MENIN, Ovide – *Algunas Ideas Sobre Formación Docente Universitaria*, PRAXIS Educativa, v XV, nº 15, Pág. 14-18, Febrero- Marzo, 2012.
- MULET, María Josep; CALVO, Manuel; CARRERO, Eduardo; FORTENZA, Miquela - *Proyecto de Innovación Docente de Desarrollo de Estrategias Educativas para la mejoría de la Coordinación de las Asignaturas del Master en Patrimonio Cultural: Investigación y Gestión. Experiencia Piloto en Cuatro Asignaturas*, RED – DUSC, Revista de Educación a Distancia – Docencia, Universitaria en la Sociedad del Conocimiento, nº 4, 2011.
- OLIVEIRA, José Arimatés - *A Universidade e a Formação para a Qualidade de Vida*, Da Vici, Textos Acadêmicos Natal : UFRN/Diário de Natal, Brasil, 2001.
- ORTEGA, José Hernández; FRUSCIO, Massimo Penessi; LOPEZ, Diego Sobrino; Gutiérrez, Azuqueca Vásquez -*Tendencias Emergentes en Educación con TIC*, Espiral editora, Barcelona, Octubre, 2012.
- PISCITELLI, Alejandro et al – *El Proyecto Facebook y la Postuniversidad. Sistemas Operativos Sociales y Entornos Abiertos e Aprendizaje*, Ariel Colección Fundación Telefónica, Madrid, Abril, 2010.
- PORTER, Luis – *La Universidad de Papel*, Creative Commons, México D. F. , 2005.
- RIVERO, M – *Integración de las TIC a la educación,* La Nacion, 2010.
- RODRIGUEZ, Emilio Ponce - *El Rol de las Universidades en la Sociedad del Conocimiento y en la Era de la Globalización*, Interciencia versión impresa, v34, Caracas, Noviembre, 2009.
- SALINAS, Jesús – *Innovación Docente y Uso de las TICS en la Enseñanza Universitaria*, Revista Universidad y Sociedad del Conocimiento, v1, nº 1, Noviembre, 2004.
- *SIMOES*, Daniel; TAUCHEN, Gionara – *Inovação no Ensino Universitário, Seminario de Pesquisa em Educação,* IX ANPED SUL FURG, Rio Grande – Brasil, 2012.
- TUÑEZ, Miguel; SIXTO, José – *Las Redes Sociales como Entorno Docente: Análisis del Uso del Facebook en la Docencia Universitaria*, Pixel-Bit Revista de Medios e Educación, 2013.

**ANEXO 1 - ENCUESTA**

Se está interesado en conocer la opinión de los alumnos sobre **FACEBOOK** como herramienta educativa en la enseñanza universitaria.

Nos gustaría saber en qué medida las siguientes afirmaciones se reflejan en la temática anteriormente mencionada.

**Sexo:**

**Edad:**

**Universidad:**

**Actividad:**

Estudiante:

Docente:

Docente/Estudiante:

**PERGUNTAS DE ANALISIS DE USO:**

**1. Antigüedad en el uso de la red social:**

Menos de un 1 ☐

Entre un 1 y 2 años ☐

Más de 2 años ☐

NO recuerdo ☐

NO tengo facebook ☐

**2. Frecuencia de acceso a Facebook:**

Varias veces al día ☐

Una vez al día ☐

Algunas veces a la semana ☐

Ocasionalmente ☐

**3. Lugas desde onde conecta a Facebook:**

NO tengo facebook ☐

Casa ☐

Dispositivo portátil ☐

Universidad ☐

Trabajo ☐

Ciber café ☐

**4. Principales uso de Facebook:**

Contactar con amigos / compañeros ☐

Ver noticias, publicaciones, fotos... ☐

Ver novedades en un grupo ☐

Publicar ☐

Chatear ☐

Entretenimiento ☐

Uso académico ☐

Revisar perfil de amigos ☐

## MARCA CON UNA X la respuesta adecuada

Por ejemplo, marca el 5 si estas totalmente de acuerdo y con el 1 si estas totalmente en desacuerdo con la afirmación. Si tu opinión no está bien definida marca uno de los números intermedios. No hay respuestas correctas o incorrectas, únicamente estamos interesados en que indique el numero que mejor refleja su respuesta.

**RED SOCIAL FACEBOOK:**

|  | 1 | 2 | 3 | 4 | 5 |
|---|---|---|---|---|---|
| Es un buen método de comunicación en la actualidad |  |  |  |  |  |
| Es una plataforma difícil de manejar |  |  |  |  |  |
| Permite la comparición de información de forma rápida |  |  |  |  |  |
| Fomenta la autonomía y búsqueda de información del usuario |  |  |  |  |  |
| Es una red de acceso complicado |  |  |  |  |  |

**FACEBOOK Y PROFESORADO:**

|  | 1 | 2 | 3 | 4 | 5 |
|---|---|---|---|---|---|
| Facilita o contacto con el profesor |  |  |  |  |  |
| Es necesario que el profesor estimule al alumno para que lo utilice con fines académicos |  |  |  |  |  |
| Mejora el flujo de información entre alumno y profesor |  |  |  |  |  |
| Proporciona el intercambio de artículos con el profesor. |  |  |  |  |  |
| Fomenta la actualización constante del alumno |  |  |  |  |  |

**FACEBOOK COMO HERRAMIENTA EDUCATIVA:**

| | 1 | 2 | 3 | 4 | 5 |
|---|---|---|---|---|---|
| Potencia la reflexión critica ente miembros del mismo grupo | | | | | |
| Es un complemento útil a las clases presenciales | | | | | |
| Permite gestionar contenidos académicos de forma personalizada. | | | | | |
| Los elementos multimedia subidos a la red por el profesor, permite y mejora la reflexión critica sobre determinadas materias | | | | | |
| Dificulta la comunicación entre alumnos | | | | | |
| Fomenta la creatividad y innovación del alumno | | | | | |
| Dificulta la adquisición de competencias y habilidades académicas | | | | | |
| No es una plataforma de comparición de información útil en el espacio europeo de educación superior | | | | | |
| Es un sistema desajustado y innecesario a nivel académico, visto que el portal del alumno desempeña muy bien sus funciones y es altamente practico. | | | | | |
| Estimula la alfabetización digital | | | | | |

**FACEBOOK Y METODOLOGIA:**

| | 1 | 2 | 3 | 4 | 5 |
|---|---|---|---|---|---|
| La red permite un seguimiento mas directo de la asignatura | | | | | |
| La clase magistral es la más adecuada para adquirir conocimientos | | | | | |
| El trabajo corporativo con facebook desarrolla habilidades de aprendizaje | | | | | |
| Las clases impartidas por alumnos de cursos superiores son interesantes | | | | | |
| El debate de casos prácticos en entre los diferentes elementos en el *Chat* complementan el aprendizaje | | | | | |
| La subida a la red de videos de exposición de trabajos, es un buen método de revisar fallos cometidos | | | | | |
| Las películas / videos en la red, aumentan la comprensión de los contenidos | | | | | |

www.ingramcontent.com/pod-product-compliance
Lightning Source LLC
La Vergne TN
LVHW042308060326
832902LV00009B/1341